Impressum
Verlag: BABADADA GmbH, Nedderfeld 112 , 22529 Hamburg
Geschäftsführer / Verlagsleitung: Harald Hof
Druck: Books on Demand GmbH, In de Tarpen 42, 22848 Norderstedt

Imprint
Publisher: BABADADA GmbH, Nedderfeld 112 , 22529 Hamburg, Germany
Managing Director / Publishing direction: Harald Hof
Print: Books on Demand GmbH, In de Tarpen 42, 22848 Norderstedt

école

Schule

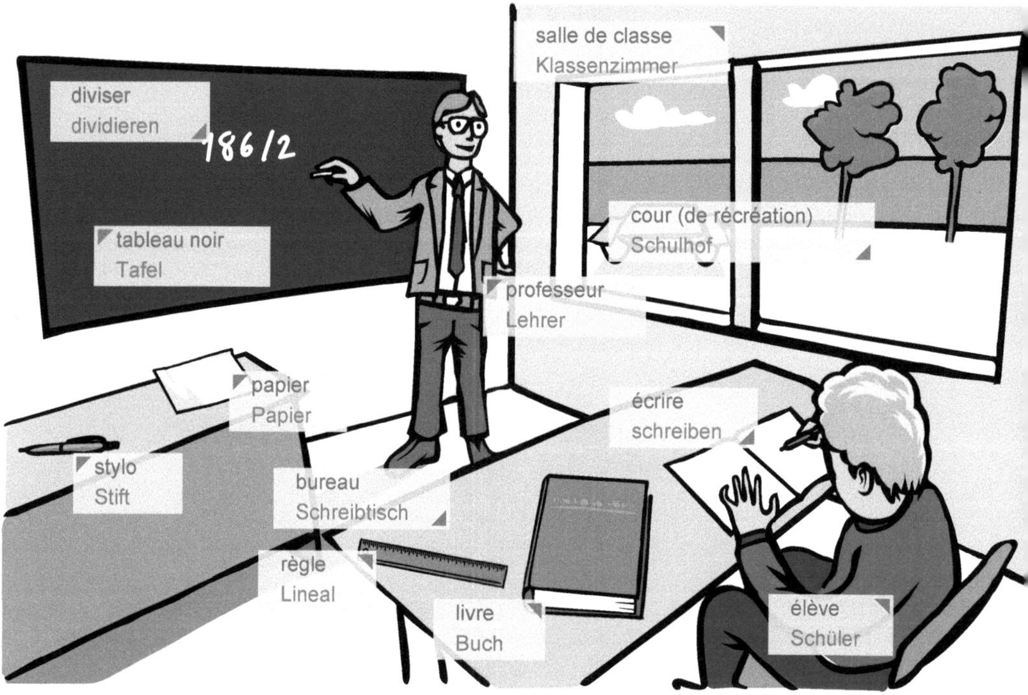
salle de classe
Klassenzimmer
diviser
dividieren
186/2
cour (de récréation)
Schulhof
tableau noir
Tafel
professeur
Lehrer
papier
Papier
écrire
schreiben
stylo
Stift
bureau
Schreibtisch
règle
Lineal
livre
Buch
élève
Schüler

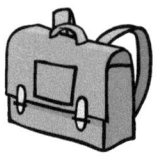

cartable

Schultasche

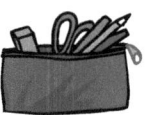

trousse

Federmappe

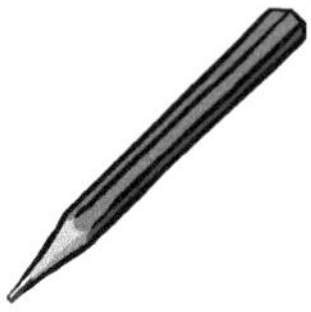

crayon

Bleistift

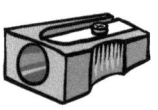

taille-crayon

Bleistiftspitzer

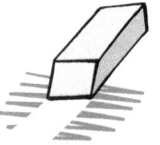

gomme

Radierer

carnet à dessin

Zeichenblock

dessin

Zeichnung

pinceau

Pinsel

boîte de peinture

Malkasten

ciseaux

Schere

colle

Klebstoff

cahier d'exercices

Übungsheft

devoirs

Hausübung

chiffre

Zahl

additionner

addieren

soustraire

subtrahieren

multiplier

multiplizieren

calculer

rechnen

lettre

Buchstabe

alphabet

Alphabet

mot

Wort

texte

Text

lire

lesen

craie

Kreide

leçon

Unterrichtsstunde

livre de classe

Klassenbuch

examen

Prüfung

certificat

Zeugnis

uniforme scolaire

Schuluniform

formation

Ausbildung

lexique

Lexikon

université

Universität

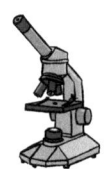

microscope

Mikroskop

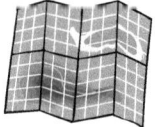

carte

Karte

corbeille à papier

Papierkorb

voyage
Reise

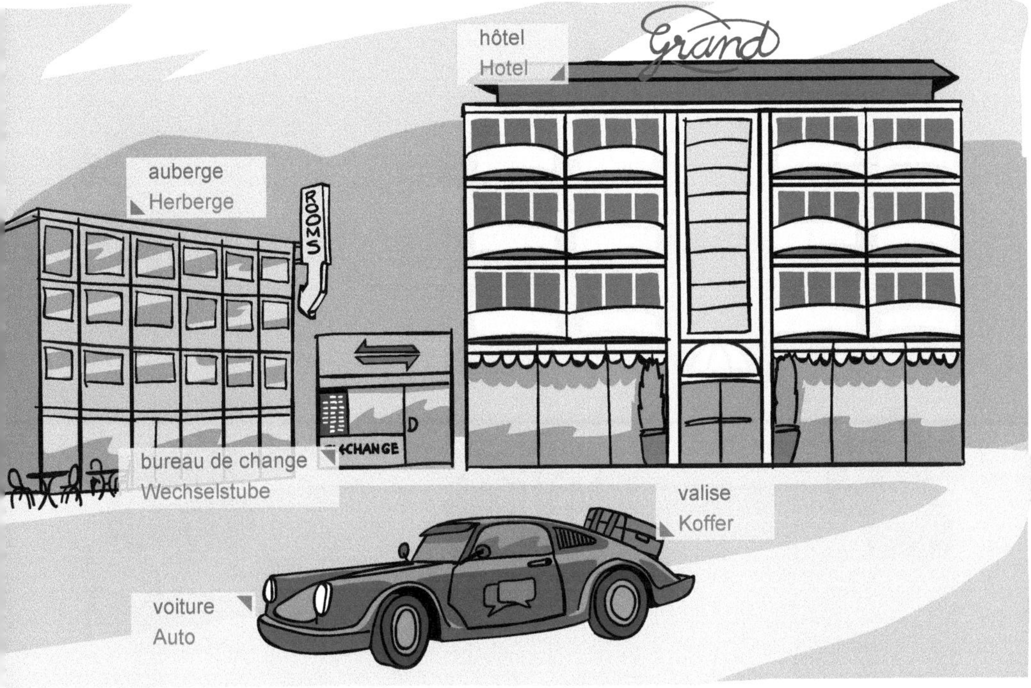

hôtel
Hotel
Grand
auberge
Herberge
ROOMS
bureau de change
Wechselstube
CHANGE
valise
Koffer
voiture
Auto

langue
Sprache

oui / non
ja / nein

d'accord
Okay

Salut
Hallo

interprète
Dolmetscherin

merci
Danke

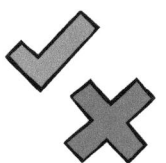

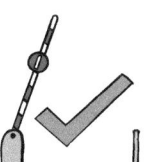

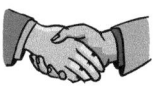

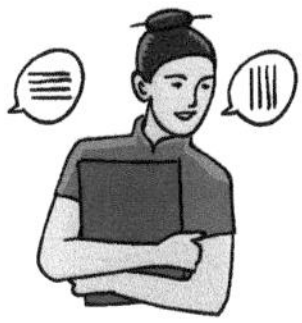

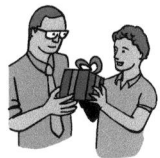

Combien coûte...?
Wie viel kostet ...?

Je ne comprends pas
Ich verstehe nicht.

problème
Problem

Bonsoir !
Guten Abend!

Bonjour !
Guten Morgen!

Bonne nuit !
Gute Nacht!

Au revoir
Auf Wiederschaun!

direction
Richtung

bagages
Gepäck

sac
Tasche

sac-à-dos
Rucksack

hôte
Gast

pièce
Zimmer

sac de couchage
Schlafsack

tente
Zelt

voyage - Reise

office de tourisme

Touristeninformation

plage

Strand

carte de crédit

Kreditkarte

petit-déjeuner

Frühstück

déjeuner

Mittagessen

dîner

Abendessen

billet

Fahrkarte

ascenseur

Lift

timbre

Briefmarke

frontière

Grenze

douane

Zoll

ambassade

Botschaft

visa

Visum

passeport

Pass

transport
Transport

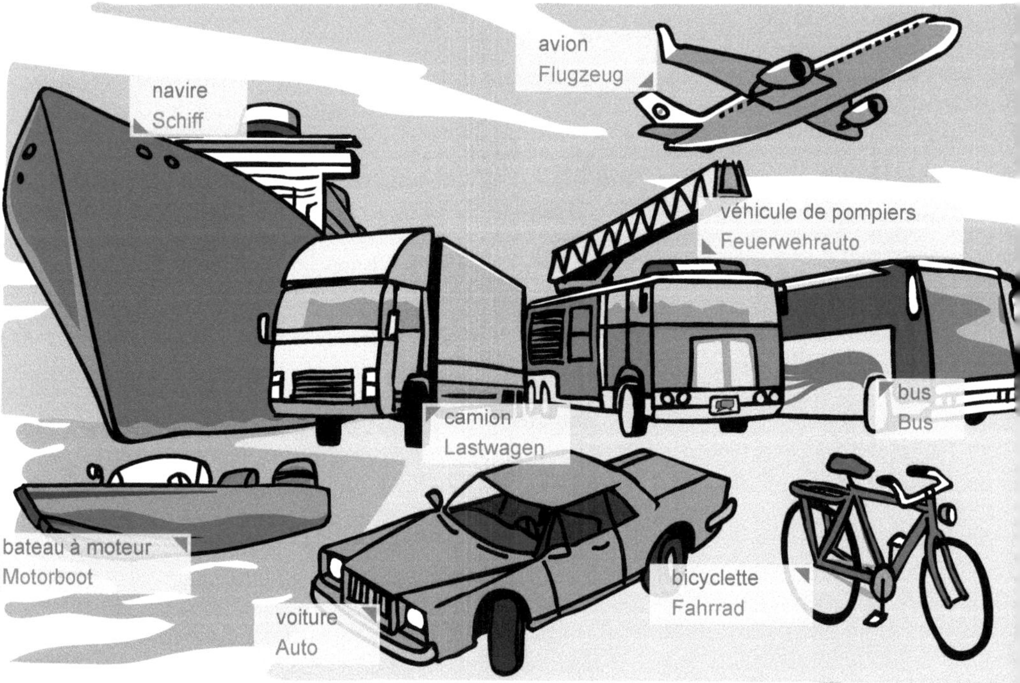

avion
Flugzeug
navire
Schiff
véhicule de pompiers
Feuerwehrauto
bus
Bus
camion
Lastwagen
bateau à moteur
Motorboot
bicyclette
Fahrrad
voiture
Auto

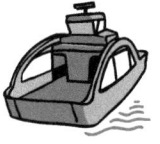

ferry

Fähre

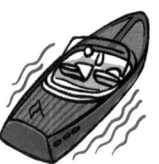

barque

Boot

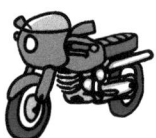

moto

Motorrad

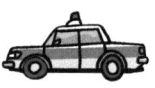

voiture de police

Polizeiauto

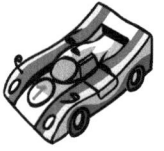

voiture de course

Rennauto

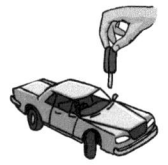

voiture de location

Mietwagen

auto-partage

Carsharing

voiture de remorquage

Abschleppwagen

benne à ordures

Müllwagen

moteur

Motor

essence

Kraftstoff

station d'essence

Tankstelle

panneau indicateur

Verkehrsschild

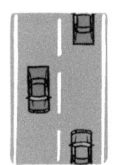

trafic

Verkehr

embouteillage

Stau

parking

Parkplatz

gare

Bahnhof

rails

Schienen

train

Zug

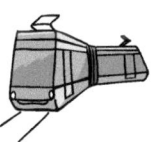

tramway

Straßenbahn

wagon

Wagon

hélicoptère
Hubschrauber

aéroport
Flughafen

tour
Tower

passager
Passagier

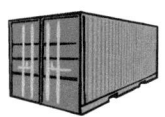

conteneur
Container

carton
Karton

chariot
Rollwagen

corbeille
Korb

décoller / atterrir
starten / landen

ville

Stadt

village
Dorf

centre-ville
Stadtzentrum

maison
Haus

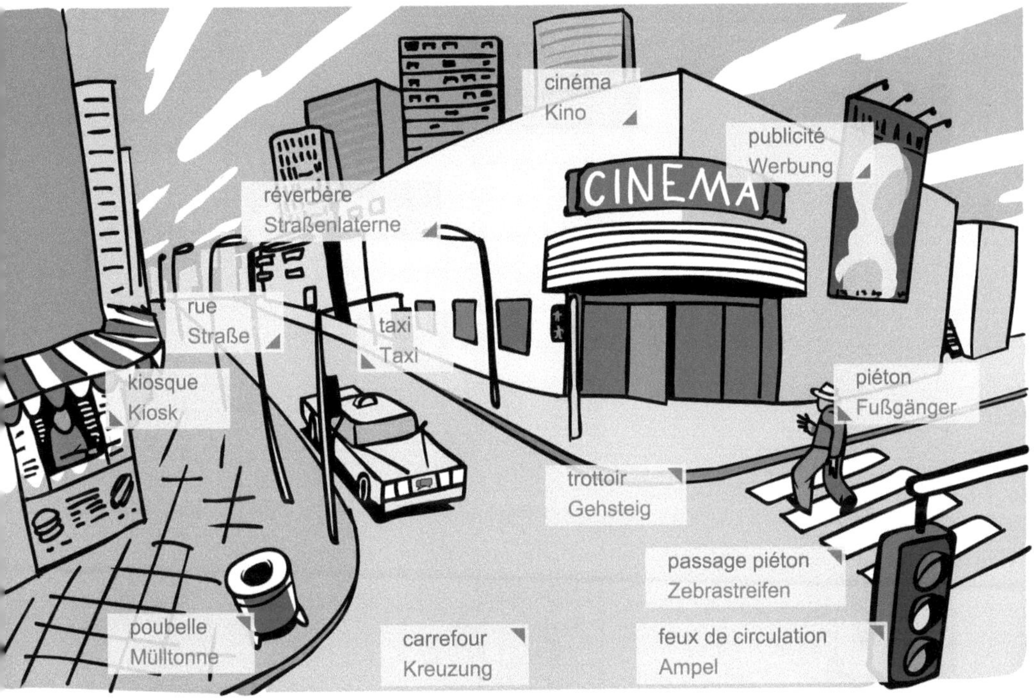

cinéma
Kino

publicité
Werbung

réverbère
Straßenlaterne

rue
Straße

taxi
Taxi

kiosque
Kiosk

piéton
Fußgänger

trottoir
Gehsteig

passage piéton
Zebrastreifen

poubelle
Mülltonne

carrefour
Kreuzung

feux de circulation
Ampel

CINEMA

cabane

Hütte

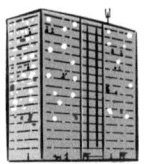

appartement

Wohnung

gare

Bahnhof

mairie

Rathaus

musée

Museum

école

Schule

ville - Stadt

université
Universität

banque
Bank

hôpital
Spital

hôtel
Hotel

pharmacie
Apotheke

bureau
Büro

librairie
Buchhandlung

magasin
Geschäft

fleuriste
Blumenladen

supermarché
Supermarkt

marché
Markt

grand magasin
Kaufhaus

poissonnerie
Fischhändler

centre commercial
Einkaufszentrum

port
Hafen

parc

Park

banque

Bank

pont

Brücke

escaliers

Stiege

métro

U-Bahn

tunnel

Tunnel

arrêt de bus

Bushaltestelle

bar

Bar

restaurant

Restaurant

boîte à lettres

Briefkasten

panneau indicateur

Straßenschild

parcmètre

Parkuhr

zoo

Zoo

piscine

Badeanstalt

mosquée

Moschee

ferme
Bauernhof

pollution
Umweltverschmutzung

cimetière
Friedhof

église
Kirche

aire de jeux
Spielplatz

temple
Tempel

paysage
Landschaft

feuille
Blatt

panneau indicateur
Wegweiser

chemin
Weg

pré
Wiese

pierre
Stein

randonnour
Wanderer

arbrc
Baum

rivière
Fluss

herbe
Gras

fleur
Blume

vallée
....
Tal

montagne
....
Hügel

lac
....
See

forêt
....
Wald

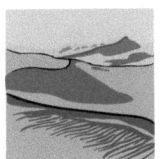

désert
....
Wüste

volcan
....
Vulkan

château
....
Schloss

arc-en-ciel
....
Regenbogen

champignon
....
Pilz

palmier
....
Palme

moustique
....
Moskito

mouche
....
Fliege

fourmis
....
Ameise

abeille
....
Biene

araignée
....
Spinne

coléoptère
Käfer

grenouille
Frosch

écureuil
Eichhörnchen

hérisson
Igel

lièvre
Hase

chouette
Eule

oiseau
Vogel

cygne
Schwan

sanglier
Wildschwein

cerf
Hirsch

élan
Elch

barrage
Staudamm

éolienne
Windrad

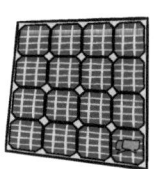

panneau solaire
Solarmodul

climat
Klima

restaurant
Restaurant

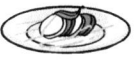

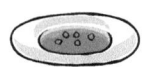

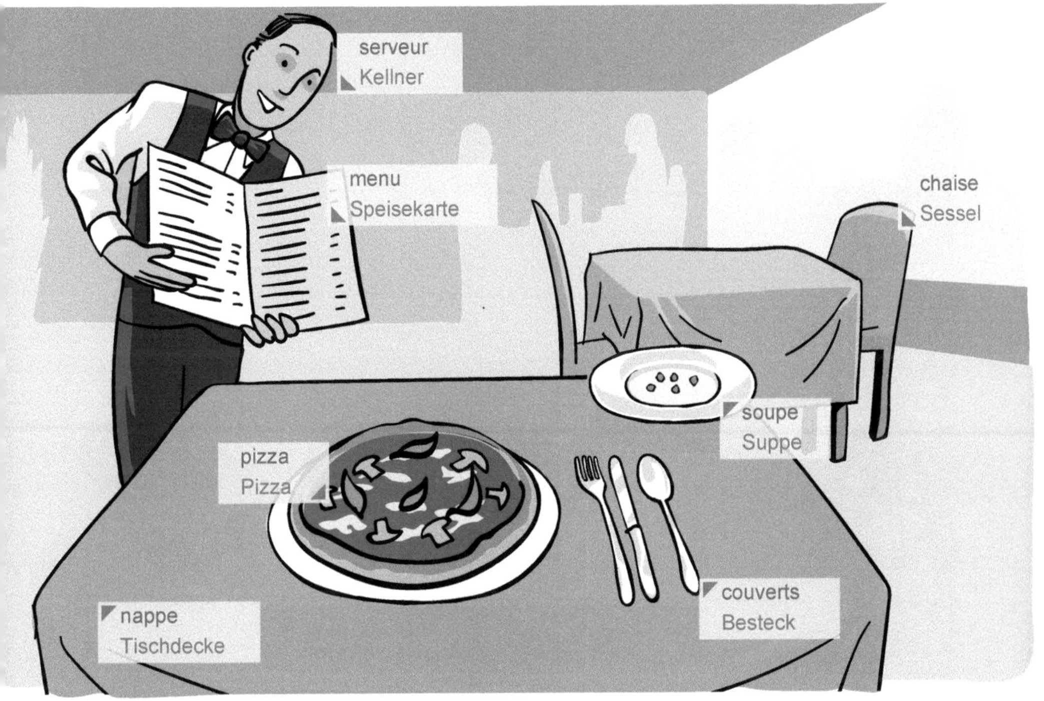
serveur
Kellner
menu
Speisekarte
chaise
Sessel
soupe
Suppe
pizza
Pizza
couverts
Besteck
nappe
Tischdecke

hors d'œuvre
Vorspeise

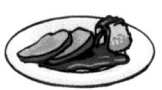

plat principal
Hauptgericht

dessert
Nachspeise

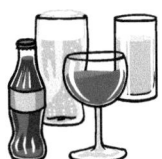

boissons
Getränke

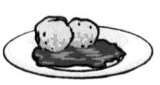

alimentation
Essen

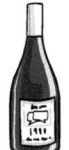

bouteille
Flasche

fast-food
....
Fastfood

plats à emporter
....
Streetfood

théière
....
Teekanne

sucrier
....
Zuckerdose

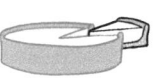

portion
....
Portion

machine à expresso
....
Espressomaschine

chaise haute
....
Kinderstuhl

facture
....
Rechnung

plateau
....
Tablett

couteau
....
Messer

fourchette
....
Gabel

cuillère
....
Löffel

cuillère à thé
....
Teelöffel

serviette
....
Serviette

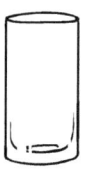

verre
....
Glas

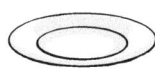

assiette

Teller

assiette à soupe

Suppenteller

soucoupe

Untertasse

sauce

Sauce

salière

Salzstreuer

moulin à poivre

Pfeffermühle

vinaigre

Essig

huile

Öl

épices

Gewürze

ketchup

Ketchup

moutarde

Senf

mayonnaise

Mayonnaise

supermarché
Supermarkt

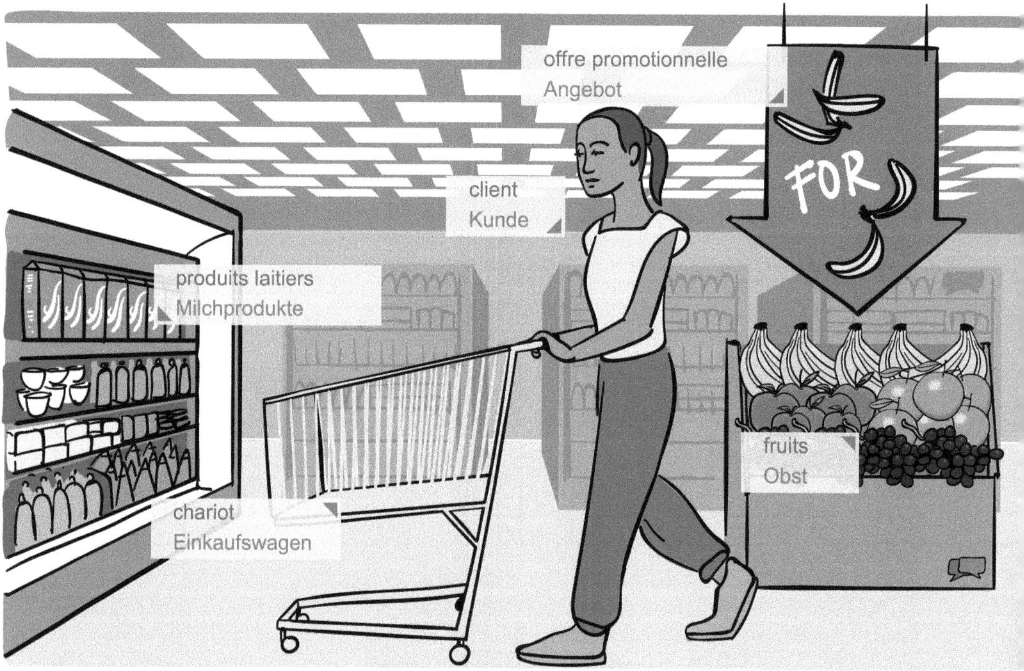

offre promotionnelle
Angebot
FOR
client
Kunde
produits laitiers
Milchprodukte
fruits
Obst
chariot
Einkaufswagen

BUTCHERS

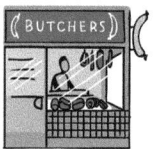

boucherie

Schlachterei

BAKERY

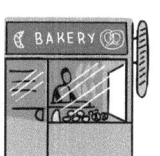

boulangerie

Bäckerei

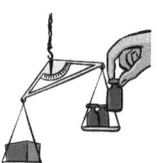

peser

wiegen

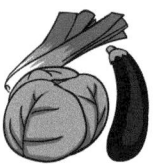

légumes

Gemüse

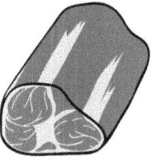

viande

Fleisch

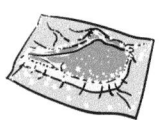

aliments surgelés

Tiefkühlkost

charcuterie

Aufschnitt

conserves

Konserven

poudre à lessive

Waschmittel

bonbons

Süßigkeiten

articles ménagers

Haushaltsartikel

détergents

Reinigungsmittel

vendeuse

Verkäuferin

caisse

Kassa

caissier

Kassiererin

liste d'achats

Einkaufsliste

heures d'ouverture

Öffnungszeiten

portefeuille

Brieftasche

carte de crédit

Kreditkarte

sac

Tasche

sac en plastique

Plastiktüte

supermarché - Supermarkt

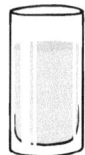

eau

Wasser

jus de fruit

Saft

lait

Milch

coca

Cola

vin

Wein

bière

Bier

alcool

Alkohol

chocolat chaud

Kakao

thé

Tee

café

Kaffee

expresso

Espresso

cappuccino

Cappuccino

banane

Banane

pomme

Apfel

orange

Orange

melon

Melone

citron

Zitrone

carotte

Karotte

ail

Knoblauch

bambou

Bambus

oignon

Zwiebel

champignon

Pilz

noisettes

Nüsse

pâtes

Nudeln

spaghetti

Spaghetti

riz

Reis

salade

Salat

pommes frites

Pommes frites

pommes de terre rôties

Bratkartoffeln

pizza

Pizza

hamburger

Hamburger

sandwich

Sandwich

escalope

Schnitzel

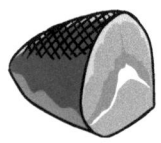

jambon

Schinken

salami

Salami

saucisse

Wurst

poulet

Huhn

rôti

Braten

poisson

Fisch

flocons d'avoine

Haferflocken

muesli

Müsli

cornflakes

Cornflakes

farine

Mehl

croissant

Croissant

petits-pains

Semmel

pain

Brot

pain grillé

Toast

biscuits

Kekse

beurre

Butter

le fromage blanc

Topfen

gâteau

Kuchen

œuf

Ei

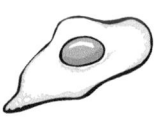

œuf au plat

Spiegelei

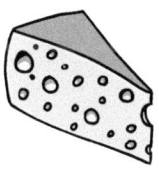

fromage

Käse

glace

Eiscreme

sucre

Zucker

miel

Honig

confiture

Marmelade

crème nougat

Schokoladenaufstrich

curry

Curry

ferme
Bauernhof

ferme
Bauernhaus
grange
Scheune
botte de paille
Strohballen
champ
Feld
cheval
Pferd
remorque
Anhänger
tracteur
Traktor
poulain
Fohlen
âne
Esel
mouton
Schaf
agneau
Lamm

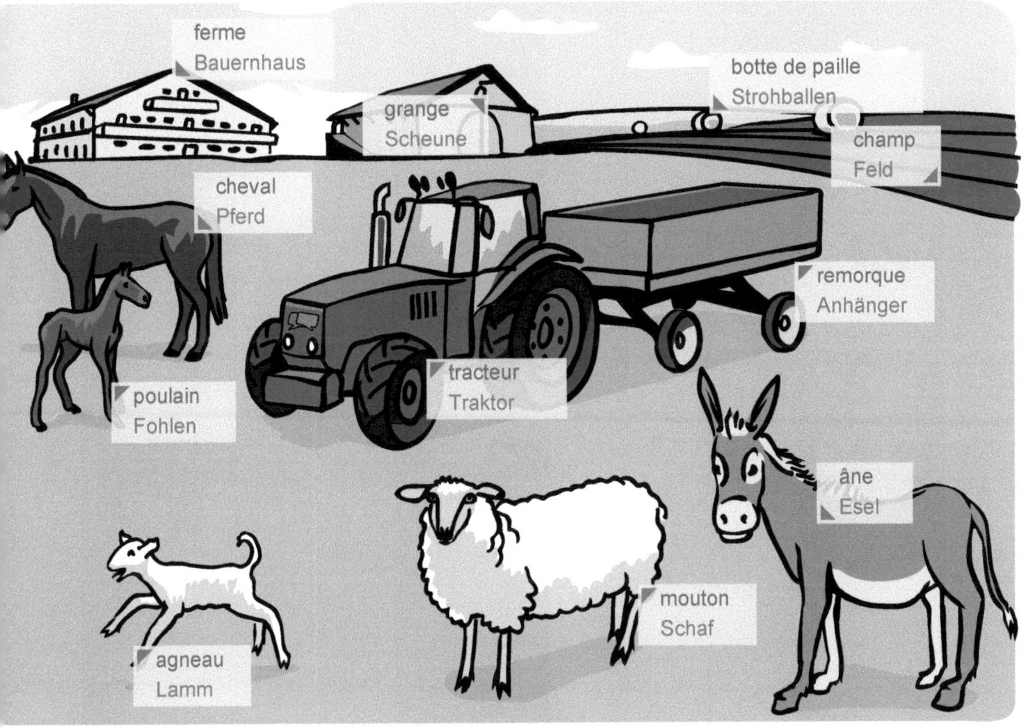

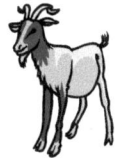

chèvre

Ziege

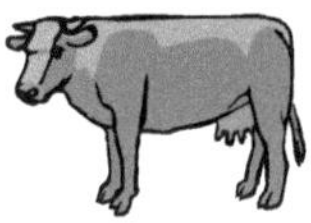

vache

Kuh

veau

Kalb

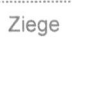

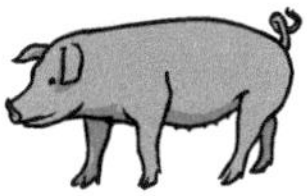

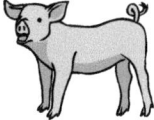

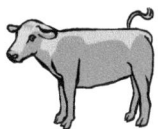

porc

Schwein

porcelet

Ferkel

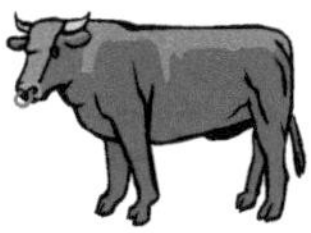

taureau

Stier

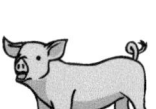

oie

Gans

canard

Ente

poussin

Küken

poule

Huhn

coq

Hahn

rat

Ratte

chat

Katze

souris

Maus

bœuf

Ochse

chien

Hund

chenil

Hundehütte

tuyau de jardin

Gartenschlauch

arrosoir

Gießkanne

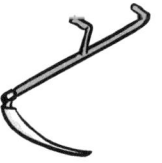

faucheuse

Sense

charrue

Pflug

faucille
Sichel

pioche
Hacke

fourche
Mistgabel

hache
Axt

brouette
Schubkarre

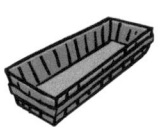

cuve
Trog

pot à lait
Milchkanne

sac
Sack

clôture
Zaun

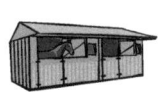

étable
Stall

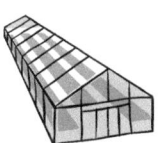

serre
Treibhaus

sol
Boden

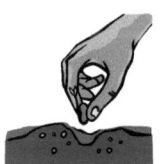

semences
Saat

engrais
Dünger

moissonneuse-batteuse
Mähdrescher

récolter

ernten

récolte

Ernte

igname

Yamswurzel

blé

Weizen

soja

Soja

pomme de terre

Erdapfel

maïs

Mais

colza

Raps

arbre fruitier

Obstbaum

manioc

Maniok

céréales

Getreide

maison
Haus

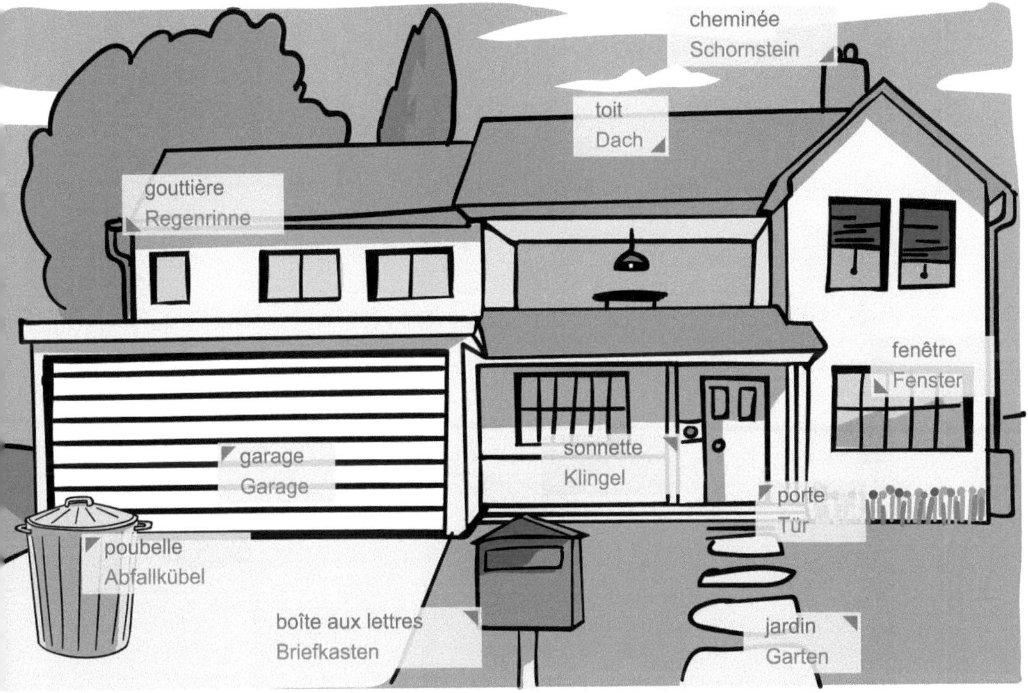
cheminée
Schornstein
toit
Dach
gouttière
Regenrinne
fenêtre
Fenster
sonnette
Klingel
garage
Garage
porte
Tür
poubelle
Abfallkübel
boîte aux lettres
Briefkasten
jardin
Garten

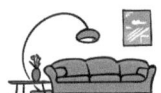

salon

Wohnzimmer

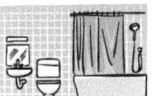

salle de bain

Badezimmer

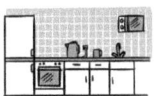

cuisine

Küche

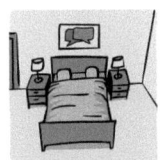

chambre à coucher

Schlafzimmer

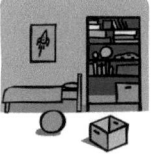

chambre d'enfant

Kinderzimmer

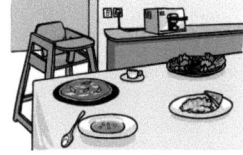

salle à manger

Esszimmer

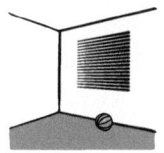

sol
....
Boden

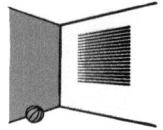

mur
....
Wand

plafond
....
Decke

cave
....
Keller

sauna
....
Sauna

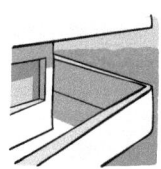

balcon
....
Balkon

terrasse
....
Terrasse

piscine
....
Schwimmbad

tondeuse à gazon
....
Rasenmäher

housse
....
Bettbezug

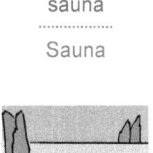

couette
....
Bettdecke

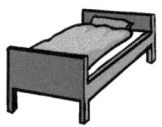

lit
....
Bett

balai
....
Besen

sceau
....
Kübel

interrupteur
....
Schalter

salon
Wohnzimmer

papier peint
Tapete
image
Bild
lampe
Lampe
étagère
Regal
armoire
Schrank
télé
Fernseher
cheminée
Kamin
fleur
Blume
coussin
Polster
sofa
Sofa
vase
Vase
télécommande
Fernbedienung

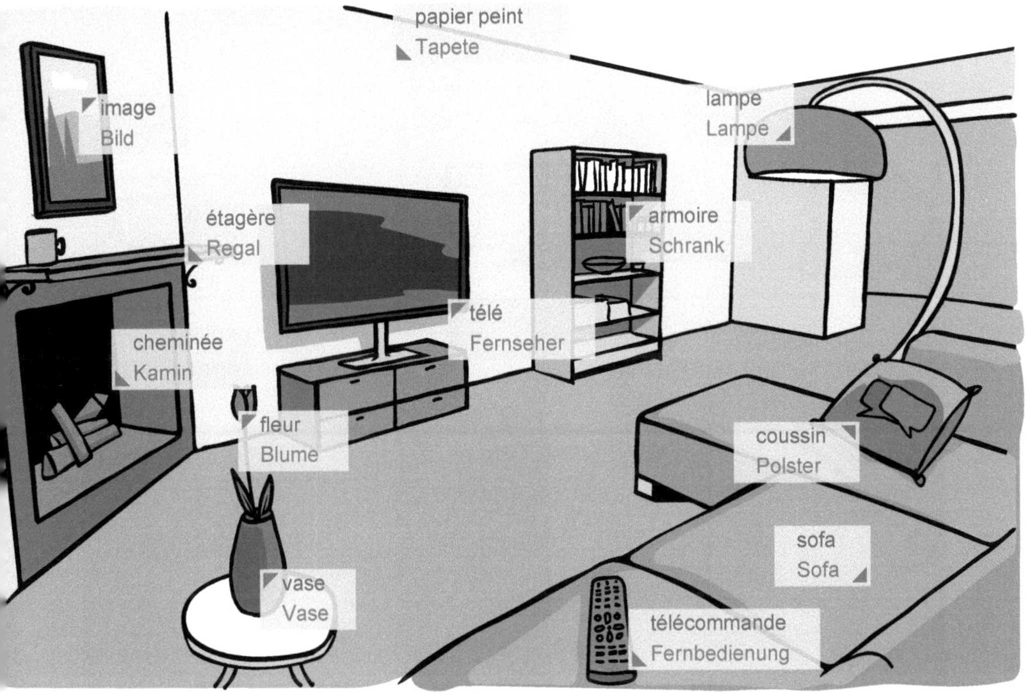

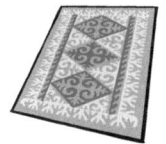

tapis

Teppich

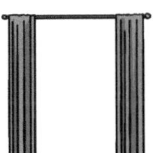

rideau

Vorhang

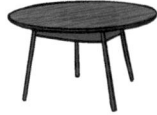

table

Tisch

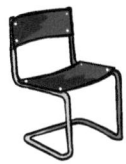

chaise

Sessel

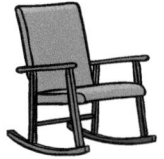

chaise à bascule

Schaukelstuhl

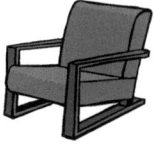

fauteuil

Sessel

livre

Buch

couverture

Decke

décoration

Dekoration

bois de chauffage

Feuerholz

film

Film

chaîne hi-fi

Stereoanlage

clé

Schlüssel

journal

Zeitung

peinture

Gemälde

poster

Poster

radio

Radio

bloc-notes

Notizblock

aspirateur

Staubsauger

cactus

Kaktus

bougie

Kerze

cuisine
Küche

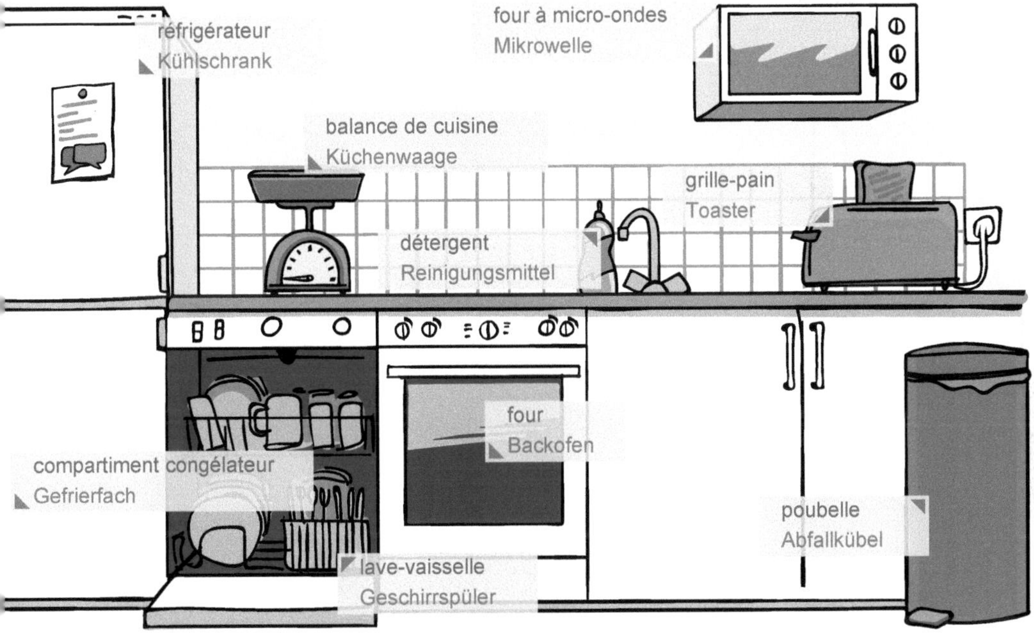

réfrigérateur
Kühlschrank
four à micro-ondes
Mikrowelle
balance de cuisine
Küchenwaage
grille-pain
Toaster
détergent
Reinigungsmittel
four
Backofen
compartiment congélateur
Gefrierfach
poubelle
Abfallkübel
lave-vaisselle
Geschirrspüler

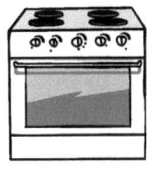

four
....
Herd

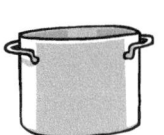

casserole
....
Topf

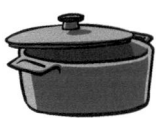

marmite

Eisentopf

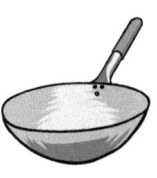

wok / kadai
....
Wok / Kadai

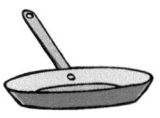

poêle
....
Pfanne

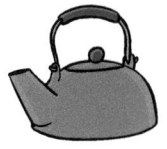

bouilloire electrique
....
Wasserkocher

cuiseur vapeur

Dampfgarer

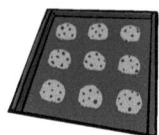

plaque de cuisson

Backblech

vaisselle

Geschirr

gobelet

Becher

coupe

Schale

baguettes

Essstäbchen

louche

Schöpflöffel

spatule

Pfannenwender

fouet

Schneebesen

passoire

Kochsieb

tamis

Sieb

râpe

Reibe

mortier

Mörser

barbecue

Grill

cheminée

Kaminfeuer

planche à découper

Schneidebrett

rouleau à pâtisserie

Nudelholz

tire-bouchon

Korkenzieher

boîte

Dose

ouvre-boîte

Dosenöffner

maniques

Topflappen

lavabo

Waschbecken

brosse

Bürste

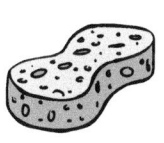

éponge

Schwamm

mixeur

Mixer

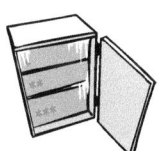

congélateur

Gefriertruhe

biberon

Babyflasche

robinet

Wasserhahn

salle de bain
Badezimmer

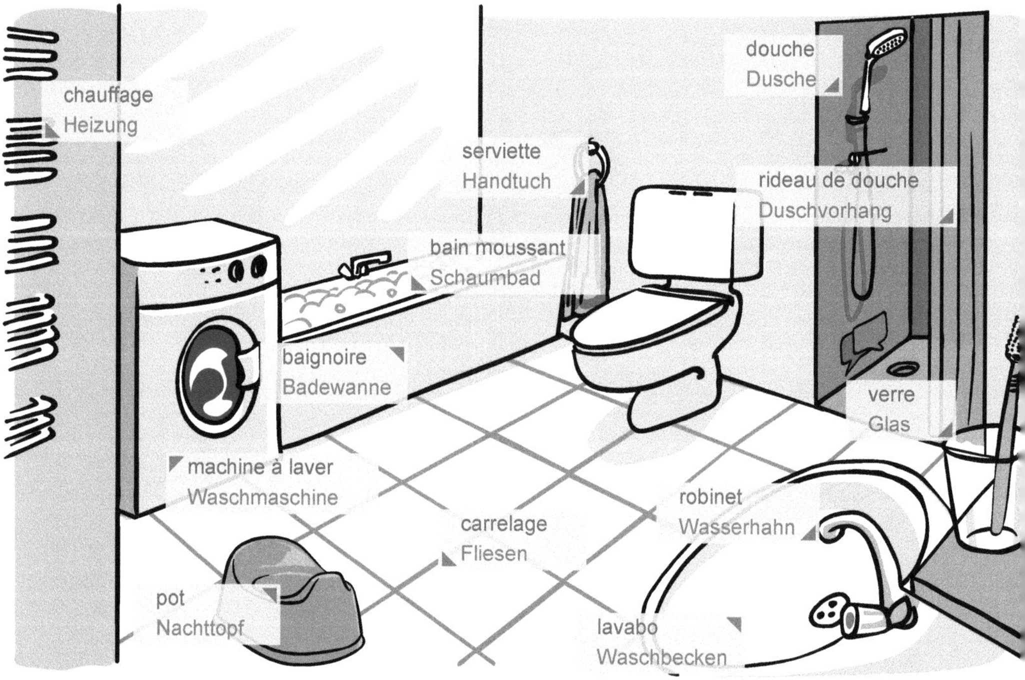

chauffage
Heizung
douche
Dusche
serviette
Handtuch
rideau de douche
Duschvorhang
bain moussant
Schaumbad
baignoire
Badewanne
verre
Glas
machine à laver
Waschmaschine
robinet
Wasserhahn
carrelage
Fliesen
pot
Nachttopf
lavabo
Waschbecken

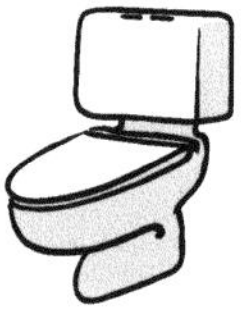

toilettes
Klo

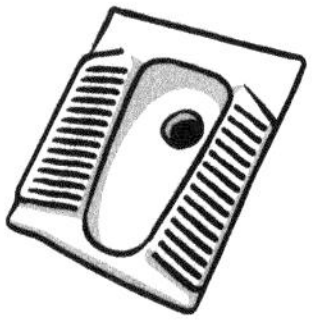

toilette à la turque
Hocktoilette

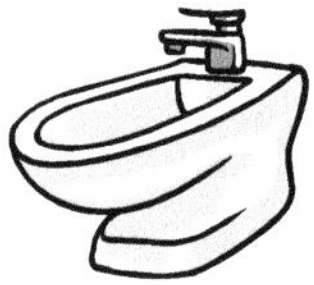

bidet
Bidet

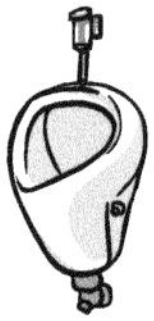

urinoir
Pissoir

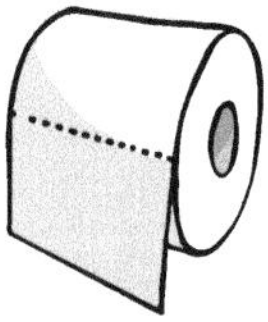

papier toilette
Klopapier

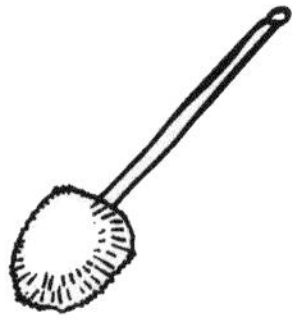

brosse à toilette
Klobürste

brosse à dents

Zahnbürste

dentifrice

Zahnpasta

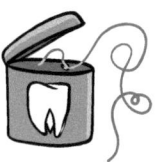

fil dentaire

Zahnseide

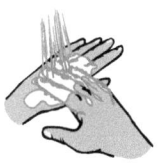

laver

waschen

douche manuelle

Handbrause

douche intime

Intimdusche

vasque

Waschschüssel

brosse dorsale

Rückenbürste

savon

Seife

gel douche

Duschgel

shampooing

Shampoo

gant de toilette

Waschlappen

écoulement

Abfluss

crème

Creme

déodorant

Deodorant

miroir

Spiegel

miroir cosmétique

Kosmetikspiegel

rasoir

Rasierer

mousse à raser

Rasierschaum

après-rasage

Rasierwasser

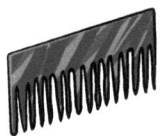

peigne

Kamm

brosse

Bürste

sèche-cheveux

Föhn

laque pour cheveux

Haarspray

fond de teint

Makeup

rouge à lèvres

Lippenstift

vernis à ongles

Nagellack

ouate

Watte

coupe-ongles

Nagelschere

parfum

Parfum

trousse de toilette
Kulturbeutel

tabouret
Hocker

pèse-personne
Waage

peignoir
Bademantel

gants de nettoyage
Gummihandschuhe

tampon
Tampon

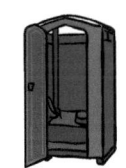

serviettes hygiéniques
Damenbinde

toilette chimique
Chemietoilette

chambre d'enfant
Kinderzimmer

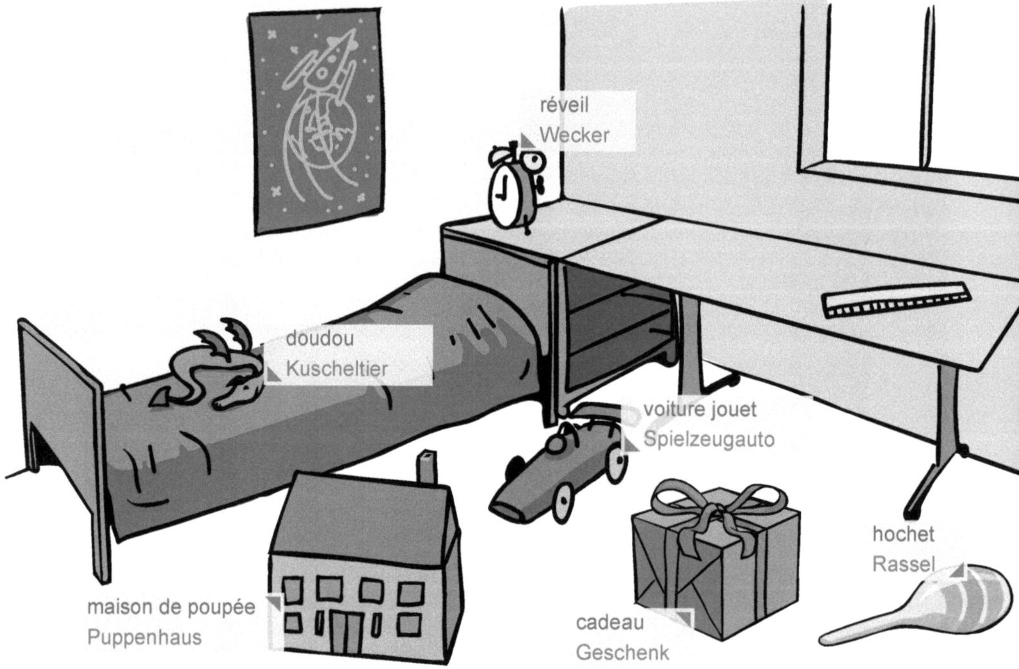
réveil
Wecker
doudou
Kuscheltier
voiture jouet
Spielzeugauto
hochet
Rassel
maison de poupée
Puppenhaus
cadeau
Geschenk

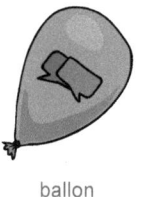

ballon

Ballon

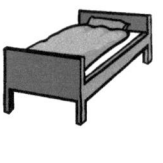

lit

Bett

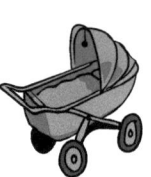

poussette

Kinderwagen

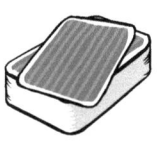

jeu de cartes

Kartenspiel

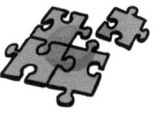

puzzle

Puzzle

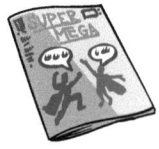

bande dessinée

Comic

pièces lego

Legosteine

blocs de construction

Bausteine

figurine

Actionfigur

grenouillère

Strampelanzug

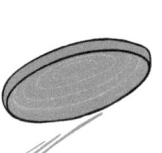

frisbee

Frisbee

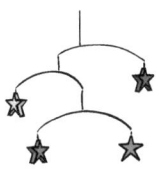

mobile

Mobile

jeu de société

Brettspiel

dé

Würfel

train miniature

Modelleisenbahn

sucette

Schnuller

fête

Party

livre d'images

Bilderbuch

balle

Ball

poupée

Puppe

jouer

spielen

bac à sable
Sandkasten

balançoire
Schaukel

jouets
Spielzeug

console de jeu
Spielkonsole

tricycle
Dreirad

ours en peluche
Teddy

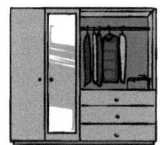

armoire
Kleiderschrank

vêtements
Kleidung

chaussettes
Socken

bas
Strümpfe

collant
Strumpfhose

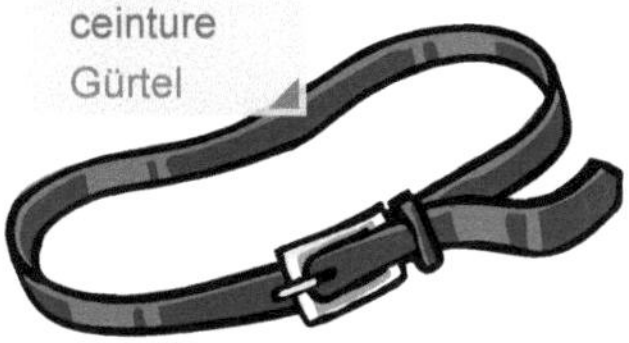

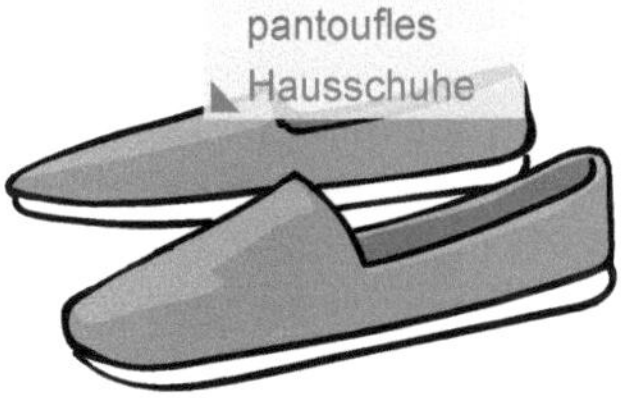

écharpe
Schal

parapluie
Regenschirm

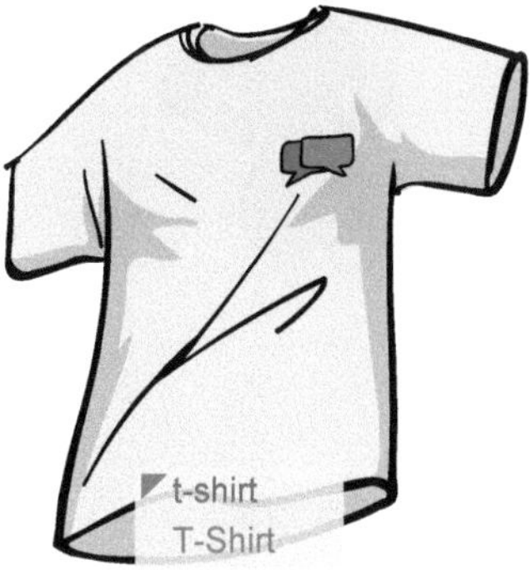

ceinture
Gürtel

t-shirt
T-Shirt

baskets
Turnschuhe

bottes
Stiefel

pantoufles
Hausschuhe

sandales
Sandalen

chaussures
Schuhe

bottes de caoutchouc
Gummistiefel

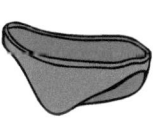

sous-vêtements
Unterhose

soutien-gorge
Büstenhalter

maillot de corps
Unterhemd

body

Body

pantalon

Hose

jean

Jeans

jupe

Rock

chemisier

Bluse

chemise

Hemd

pull

Pullover

sweat à capuche

Kapuzenpullover

veste

Blazer

veste

Jacke

manteau

Mantel

imperméable

Regenmantel

costume

Kostüm

robe

Kleid

robe de mariée

Hochzeitskleid

costume

Anzug

chemise de nuit

Nachthemd

pyjama

Pyjama

sari

Sari

foulard

Kopftuch

turban

Turban

burqa

Burka

caftan

Kaftan

abaya

Abaya

maillot de bain

Badeanzug

maillot de bain

Badehose

short

kurze Hose

tenue d'entraînement

Jogginganzug

tablier

Schürze

gants

Handschuhe

bouton

Knopf

lunettes

Brille

bracelet

Armband

collier

Halskette

bague

Ring

boucle d'oreille

Ohrring

bonnet

Mütze

cintre

Kleiderbügel

chapeau

Hut

cravate

Krawatte

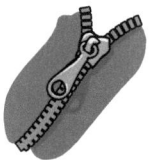

fermeture éclair

Reißverschluss

casque

Helm

bretelles

Hosenträger

uniforme scolaire

Schuluniform

uniforme

Uniform

bavoir

Lätzchen

sucette

Schnuller

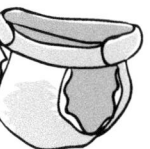

lange

Windel

bureau

Büro

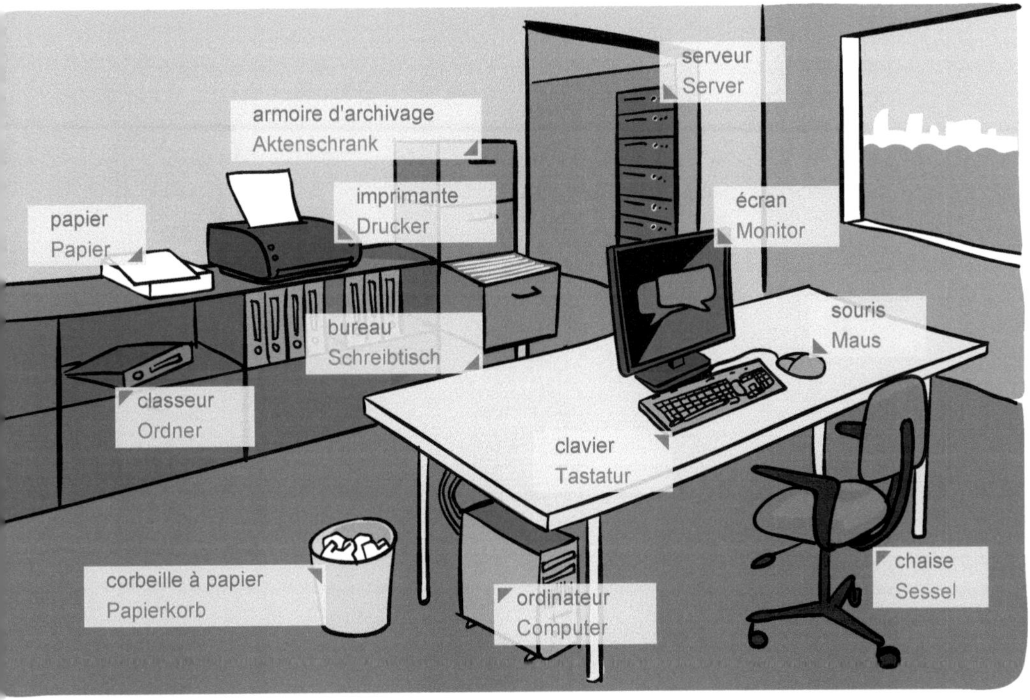

serveur
Server

armoire d'archivage
Aktenschrank

imprimante
Drucker

papier
Papier

écran
Monitor

souris
Maus

bureau
Schreibtisch

classeur
Ordner

clavier
Tastatur

chaise
Sessel

corbeille à papier
Papierkorb

ordinateur
Computer

tasse de café

Kaffeebecher

calculatrice

Taschenrechner

internet

Internet

ordinateur portable

Laptop

lettre

Brief

message

Nachricht

portable

Handy

réseau

Netzwerk

photocopieuse

Kopierer

logiciel

Software

téléphone

Telefon

prise

Steckdose

fax

Fax

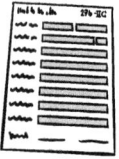

formulaire

Formular

document

Dokument

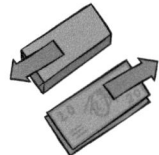

acheter

kaufen

payer

bezahlen

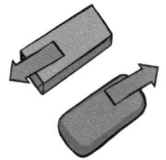

faire du commerce

handeln

monnaie

Geld

 **USD**

dollar

Dollar

 **EUR**

euro

Euro

 **JPY**

yen

Yen

 **RUB**

rouble

Rubel

 **CHF**

franc suisse

Franken

 **CNY**

renminbi yuan

Renminbi Yuan

 **INR**

roupie

Rupie

distributeur automatique

Bankomat

bureau de change

Wechselstube

or

Gold

argent

Silber

pétrole

Öl

énergie

Energie

prix

Preis

contrat

Vertrag

taxe

Steuer

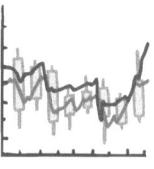

action

Aktie

travailler

arbeiten

employé

Angestellte

employeur

Arbeitgeber

usine

Fabrik

magasin

Geschäft

professions

Berufe

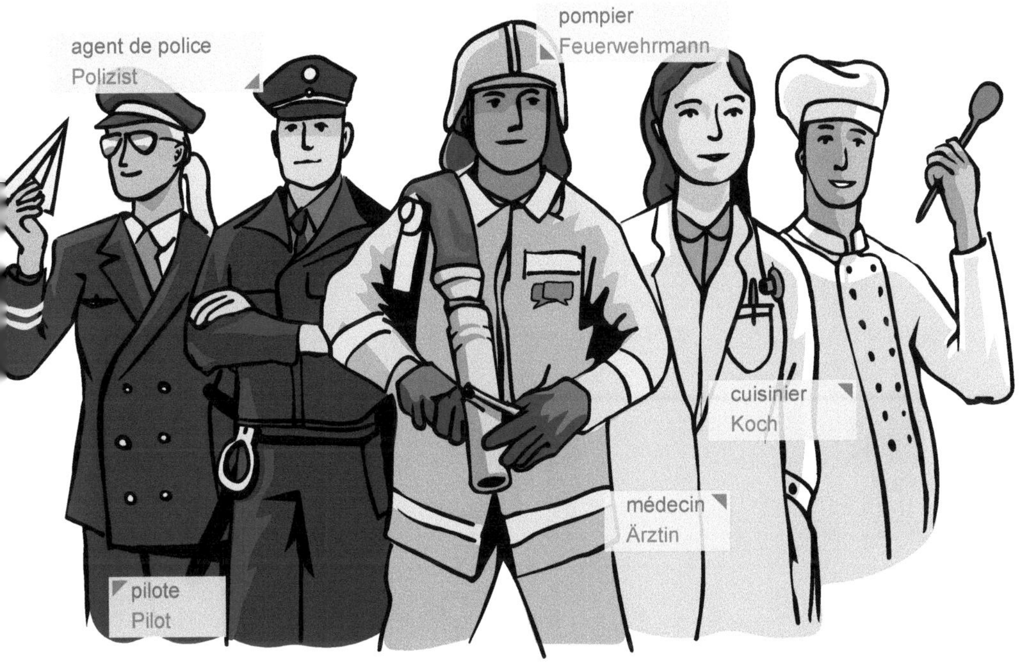
agent de police
Polizist
pompier
Feuerwehrmann
cuisinier
Koch
médecin
Ärztin
pilote
Pilot

jardinier

Gärtner

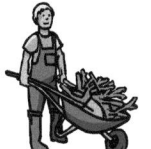

menuisier

Tischler

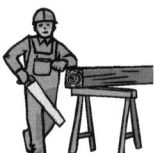

couturière

Schneiderin

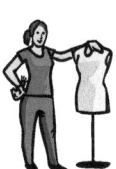

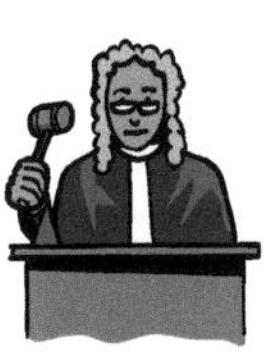

juge

Richter

chimiste

Chemikerin

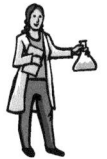

acteur

Schauspieler

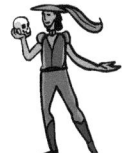

conducteur de bus

Busfahrer

chauffeur de taxi

Taxifahrer

pêcheur

Fischer

femme de ménage

Putzfrau

couvreur

Dachdecker

serveur

Kellner

chasseur

Jäger

peintre

Maler

boulanger

Bäcker

électricien

Elektriker

ouvrier

Bauarbeiter

ingénieur

Ingenieur

boucher

Schlachter

plombier

Installateur

facteur

Briefträgerin

professions - Berufe

soldat

Soldat

architecte

Architekt

caissier

Kassiererin

fleuriste

Blumenhändlerin

coiffeur

Friseur

contrôleur

Schaffner

mécanicien

Mechaniker

capitaine

Kapitän

dentiste

Zahnärztin

scientifique

Wissenschaftler

rabbin

Rabbi

imam

Imam

moine

Mönch

prêtre

Pfarrer

outils
Werkzeuge

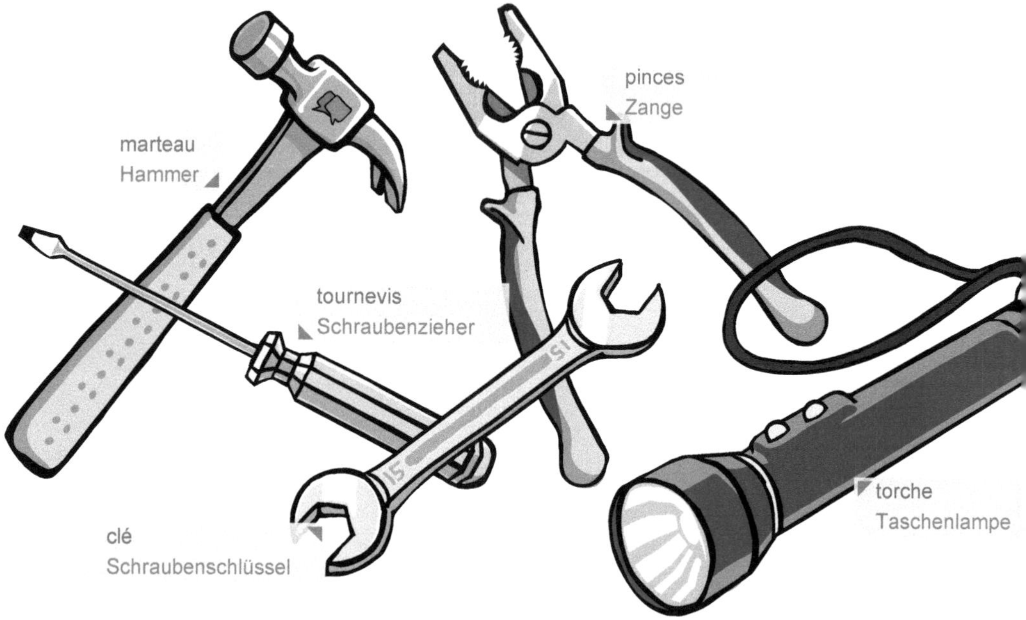

pinces
Zange
marteau
Hammer
tournevis
Schraubenzieher
torche
Taschenlampe
clé
Schraubenschlüssel

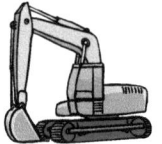

pelleteuse

Bagger

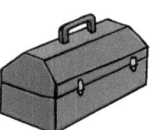

boîte à outils

Werkzeugkasten

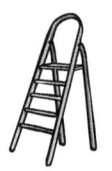

échelle

Leiter

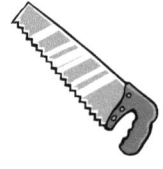

scie

Säge

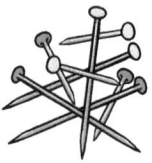

clous

Nägel

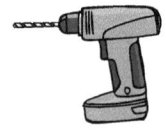

perceuse

Bohrer

réparer
reparieren

pelle
Schaufel

Mince !
Scheiße!

pelle
Kehrschaufel

pot de peinture
Farbtopf

vis
Schrauben

instruments de musique
Musikinstrumente

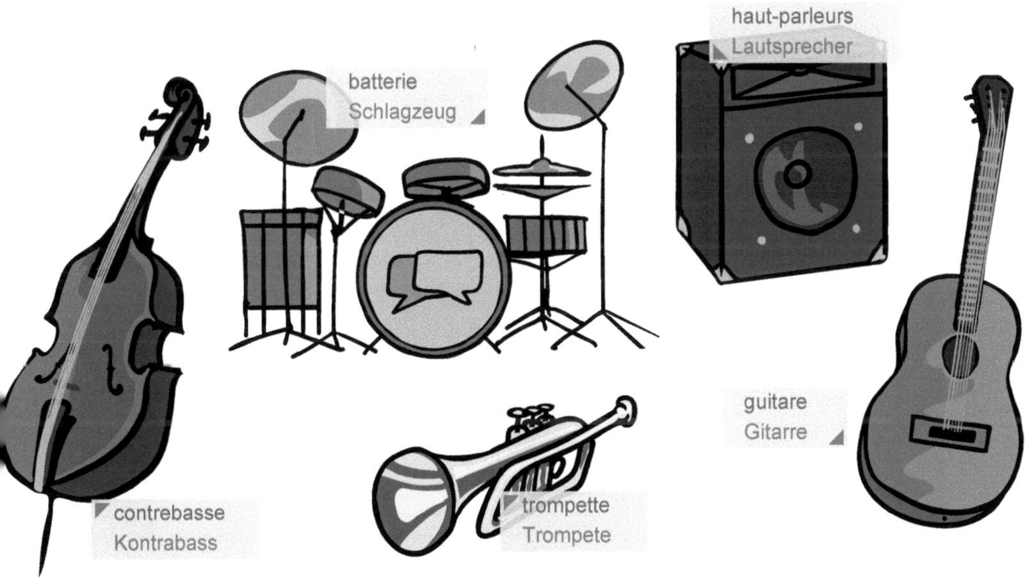

batterie
Schlagzeug

haut-parleurs
Lautsprecher

guitare
Gitarre

contrebasse
Kontrabass

trompette
Trompete

piano

Klavier

violon

Violine

basse

Bass

timbales

Pauke

tambour

Trommeln

piano électrique

Tastatur

saxophone

Saxophon

flûte

Flöte

microphone

Mikrofon

zoo
Zoo

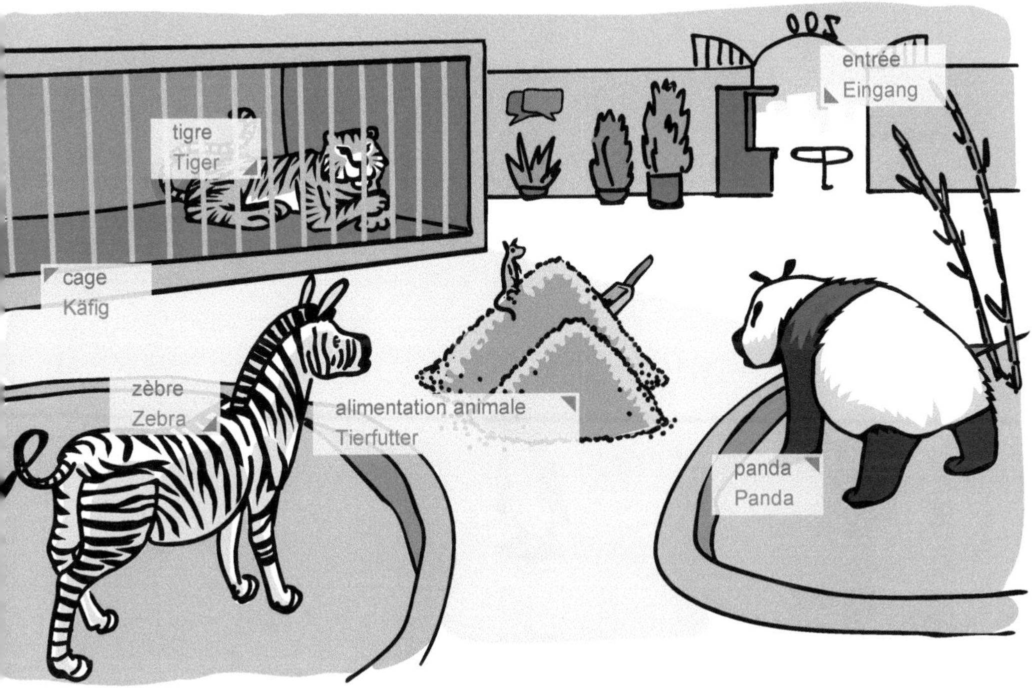

zoo
entrée
Eingang
tigre
Tiger
cage
Käfig
zèbre
Zebra
alimentation animale
Tierfutter
panda
Panda

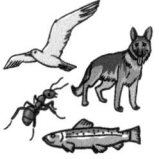

animaux

Tiere

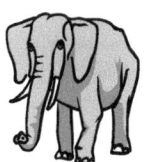

éléphant

Elefant

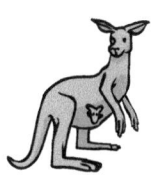

kangourou

Känguru

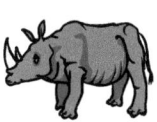

rhinocéros

Nashorn

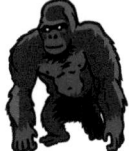

gorille

Gorilla

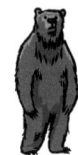

ours

Bär

chameau

Kamel

autruche

Strauß

lion

Löwe

singe

Affe

flamand rose

Flamingo

perroquet

Papagei

ours polaire

Eisbär

pingouin

Pinguin

requin

Hai

paon

Pfau

serpent

Schlange

crocodile

Krokodil

gardien de zoo

Zoowärter

phoque

Robbe

jaguar

Jaguar

poney

Pony

léopard

Leopard

hippopotame

Nilpferd

girafe

Giraffe

aigle

Adler

sanglier

Wildschwein

poisson

Fisch

tortue

Schildkröte

morse

Walross

renard

Fuchs

gazelle

Gazelle

american Football
American Football

cyclisme
Radfahren

tennis
Tennis

basket-ball
Basketball

natation
Schwimmen

hockey sur glace
Eishockey

boxe
Boxen

football
Fußball

badminton
Badminton

athlétisme
Leichtathletik

handball
Handball

ski
Skifahren

polo
Polo

activités
Aktivitäten

rire
lachen
sauter
springen
embrasser
umarmen
marcher
gehen
chanter
singen
rêver
träumen
prier
beten
faire la bise
küssen

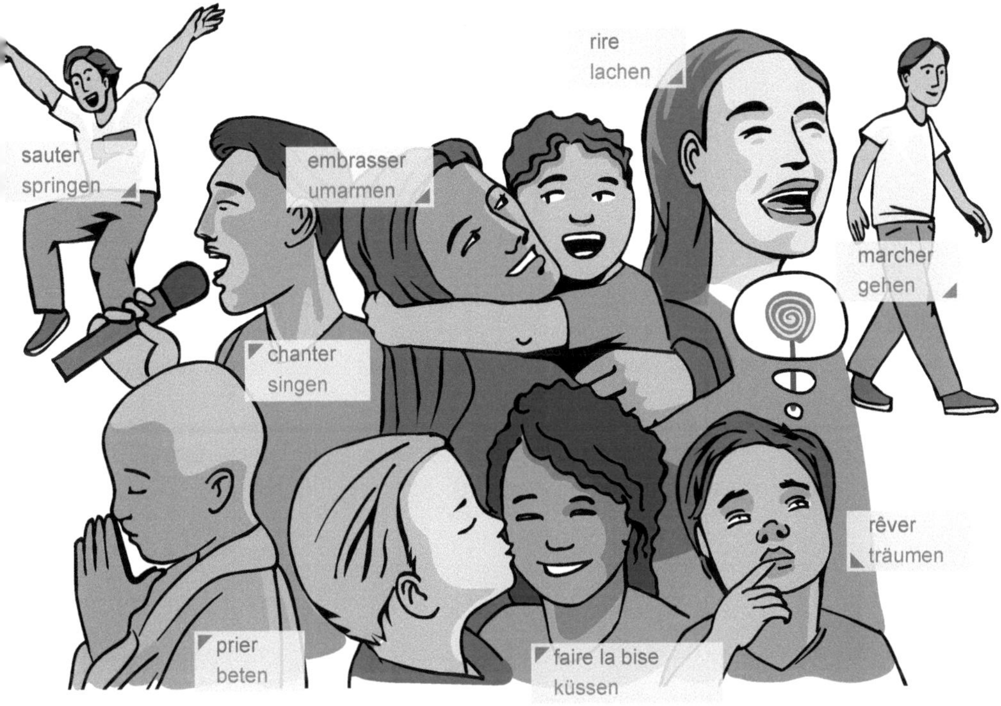

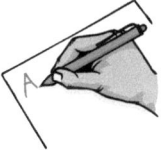

écrire

schreiben

dessiner

zeichnen

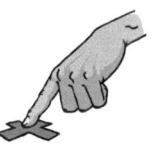

montrer

zeigen

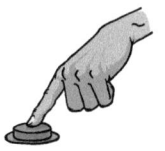

pousser

drücken

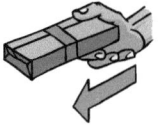

donner

geben

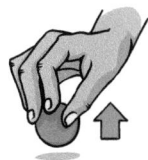

prendre

nehmen

avoir

haben

faire

machen

être

sein

être debout

stehen

courir

laufen

trier

ziehen

jeter

werfen

tomber

fallen

être couché

liegen

attendre

warten

porter

tragen

être assis

sitzen

s'habiller

anziehen

dormir

schlafen

se réveiller

aufwachen

regarder

ansehen

pleurer

weinen

caresser

streicheln

peigner

frisieren

parler

reden

comprendre

verstehen

demander

fragen

écouter

hören

boire

trinken

manger

essen

ranger

zusammenräumen

aimer

lieben

cuire

kochen

conduire

fahren

voler

fliegen

activités - Aktivitäten

faire de la voile

segeln

calculer

rechnen

lire

lesen

apprendre

lernen

travailler

arbeiten

se marier

heiraten

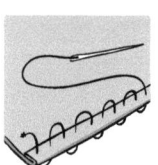

coudre

nähen

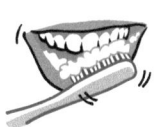

brosser les dents

Zähne putzen

tuer

töten

fumer

rauchen

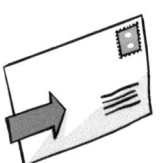

envoyer

senden

grand-mère
Großmutter

grand-père
Großvater

père
Vater

mère
Mutter

bébé
Baby

fille
Tochter

fils
Sohn

hôte

Gast

tante

Tante

oncle

Onkel

frère

Bruder

sœur

Schwester

corps
Körper

front
Stirn
œil
Auge
épaule
Schulter
doigt
Finger
visage
Gesicht
menton
Kinn
main
Hand
jambe
Bein
poitrine
Brust
bras
Arm

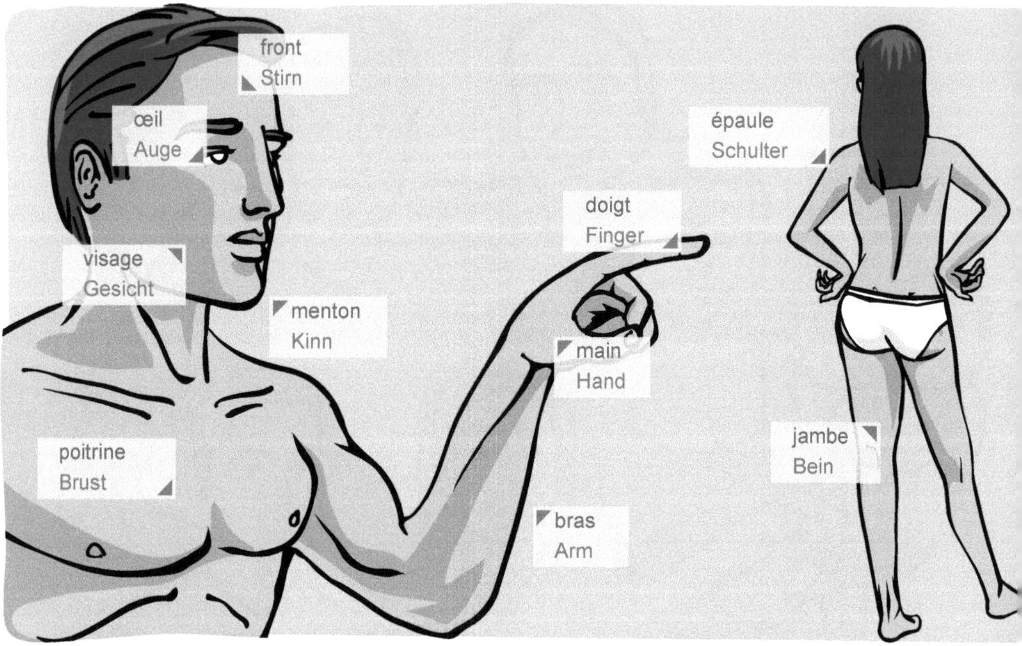

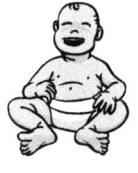

bébé

Baby

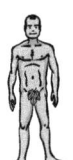

homme

Mann

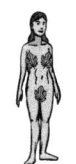

femme

Frau

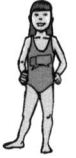

fille

Mädchen

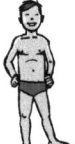

garçon

Junge

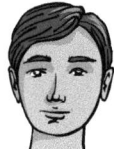

tête

Kopf

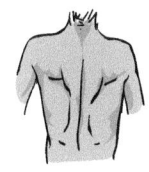

dos
....
Rücken

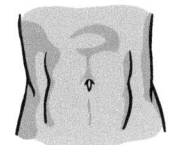

ventre
....
Bauch

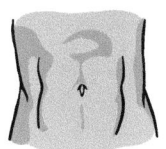

nombril
....
Nabel

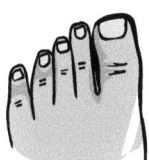

orteil
....
Zeh

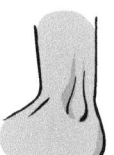

talon
....
Ferse

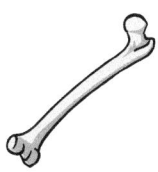

os
....
Knochen

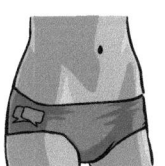

hanche
....
Hüfte

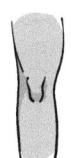

genou
....
Knie

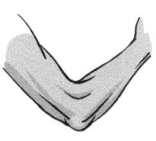

coude
....
Ellbogen

nez
....
Nase

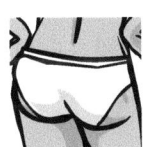

fesses
....
Gesäß

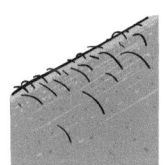

peau
....
Haut

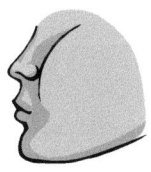

joue
....
Wange

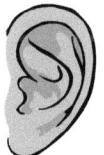

oreille
....
Ohr

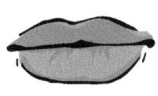

lèvre
....
Lippe

bouche

Mund

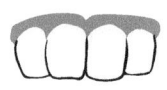

dent

Zahn

langue

Zunge

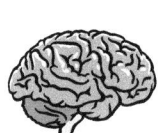

cerveau

Gehirn

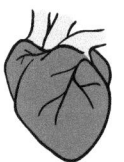

cœur

Herz

muscle

Muskel

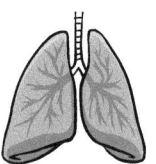

poumons

Lunge

foie

Leber

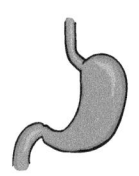

estomac

Magen

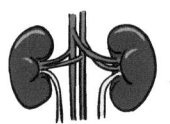

reins

Nieren

rapport sexuel

Geschlechtsverkehr

préservatif

Kondom

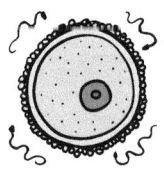

ovule

Eizelle

sperme

Sperma

grossesse

Schwangerschaft

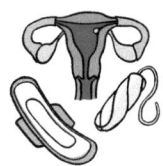

menstruation

Menstruation

vagin

Vagina

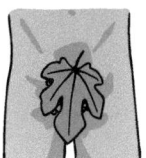

pénis

Penis

sourcil

Augenbraue

cheveux

Haar

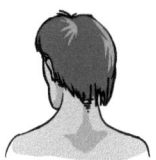

cou

Hals

hôpital
Spital

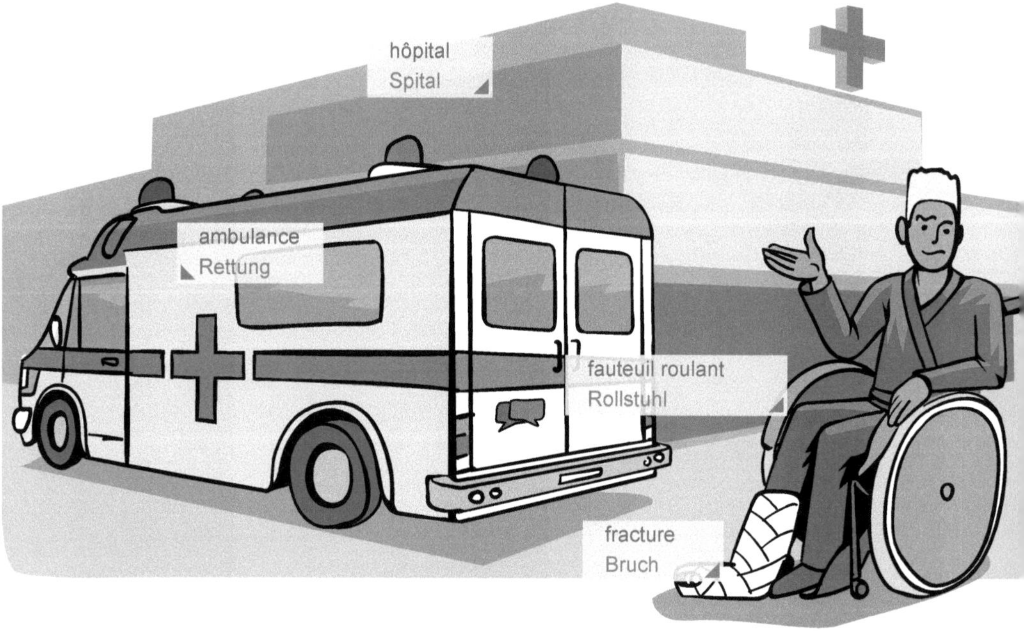

hôpital
Spital
ambulance
Rettung
fauteuil roulant
Rollstuhl
fracture
Bruch

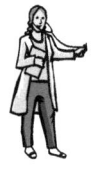

médecin

Ärztin

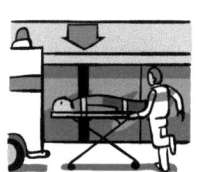

service des urgences

Notaufnahme

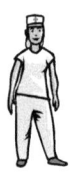

infirmière

Krankenschwester

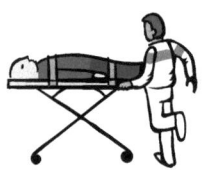

urgence

Notfall

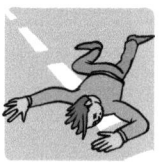

inconscient

ohnmächtig

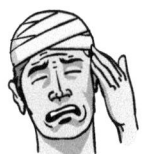

douleur

Schmerz

blessure
Verletzung

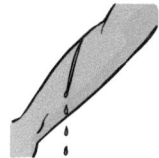

hémorragie
Blutung

crise cardiaque
Herzinfarkt

attaque cérébrale
Schlaganfall

allergie
Allergie

toux
Husten

fièvre
Fieber

grippe
Grippe

diarrhée
Durchfall

mal de tête
Kopfschmerzen

cancer
Krebs

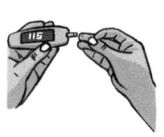

diabète
Diabetes

chirurgien
Chirurg

scalpel
Skalpell

opération
Operation

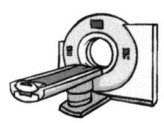

CT
CT

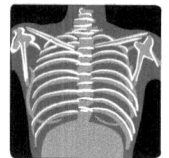

radiographie
Röntgen

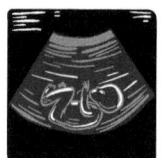

échographie
Ultraschall

masque
Maske

maladie
Krankheit

salle d'attente
Wartezimmer

béquille
Krücke

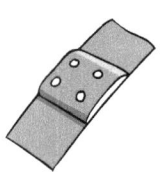

pansement
Pflaster

pansement
Verband

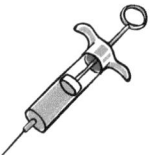

injection
Injektion

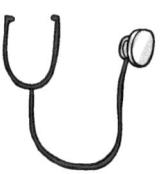

stéthoscope
Stethoskop

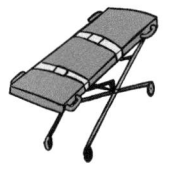

brancard
Trage

thermomètre
Thermometer

accouchement
Geburt

surcharge pondérale
Übergewicht

appareil auditif

Hörgerät

désinfectant

Desinfektionsmittel

infection

Infektion

virus

Virus

VIH / sida

HIV / AIDS

médicament

Medizin

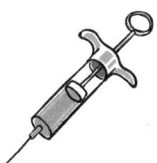

vaccination

Impfung

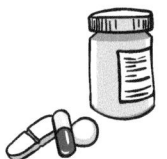

comprimés

Tabletten

pilule

Pille

appel d'urgence

Notruf

tensiomètre

Blutdruckmesser

malade / sain

krank / gesund

Au secours !

Hilfe!

alarme

Alarm

assaut

Überfall

attaque

Angriff

danger

Gefahr

sortie de secours

Notausgang

Au feu!

Feuer!

extincteur

Feuerlöscher

accident

Unfall

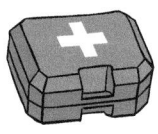

trousse de premier secours

Erste-Hilfe-Koffer

SOS

SOS

police

Polizei

Europe

Europa

Amérique du Nord

Nordamerika

Amérique du Sud

Südamerika

Afrique

Afrika

Asie

Asien

Australie

Australien

Océan atlantique

Atlantik

Océan pacifique

Pazifik

Océan indien

Indische Ozean

Océan antarctique

Antarktische Ozean

Océan arctique

Arktische Ozean

pôle nord

Nordpol

pôle sud

Südpol

Antarctique

Antarktis

terre

Erde

pays

Land

mer

Meer

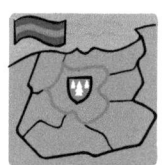

île

Insel

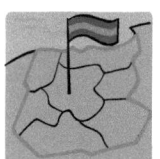

nation

Nation

état

Staat

cadran

Ziffernblatt

aiguille des heures

Stundenzeiger

aiguille des minutes

Minutenzeiger

aiguille des secondes

Sekundenzeiger

Quelle heure est-il ?

Wie spät ist es?

jour

Tag

temps

Zeit

maintenant

jetzt

montre digitale

Digitaluhr

minute

Minute

heure

Stunde

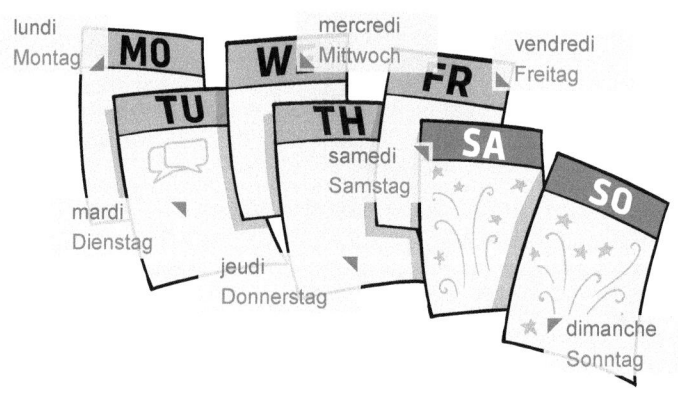

lundi
Montag — MO
mercredi
Mittwoch — W
vendredi
Freitag — FR
TU
TH
mardi
Dienstag
samedi
Samstag — SA
jeudi
Donnerstag
dimanche
Sonntag — SO

hier
gestern

aujourd'hui
heute

demain
morgen

matin
Morgen

midi
Mittag

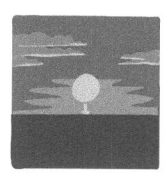

soir
Abend

jours ouvrables
Arbeitstage

week-end
Wochenende

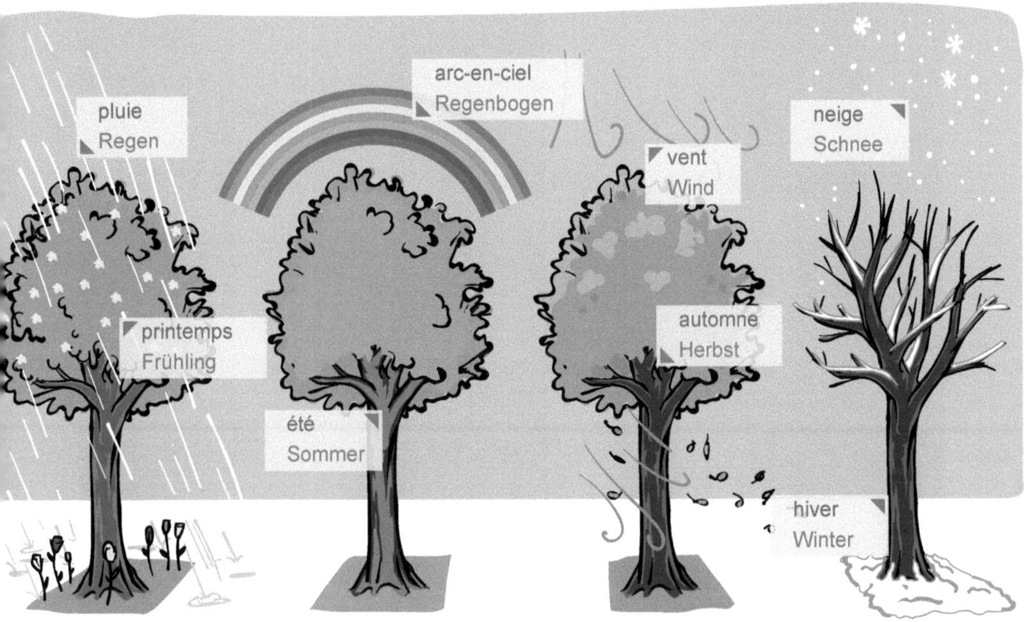

pluie
Regen
arc-en-ciel
Regenbogen
neige
Schnee
vent
Wind
printemps
Frühling
automne
Herbst
été
Sommer
hiver
Winter

4.APRIL 11°
5.APRIL 4°
6.APRIL 13°
7.APRIL 8°
8.APRIL 10°

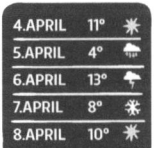

météo

Wettervorhersage

F
C
120
90
60
30
0
-30
40
30
20
10
0
-10
-20

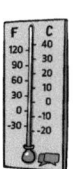

thermomètre

Thermometer

lumière du soleil

Sonnenschein

nuage

Wolke

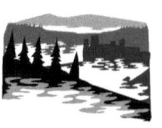

brouillard

Nebel

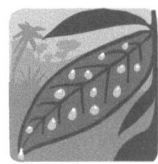

humidité

Luftfeuchtigkeit

foudre

Blitz

tonnerre

Donner

tempête

Sturm

grêle

Hagel

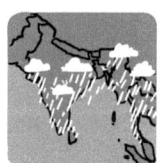

mousson

Monsun

inondation

Flut

glace

Eis

janvier

Jänner

février

Februar

mars

März

avril

April

mai

Mai

juin

Juni

juillet

Juli

août

August

septembre
....
September

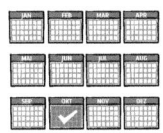

octobre
....
Oktober

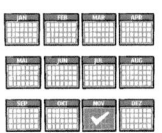

novembre
....
November

décembre
....
Dezember

formes

Formen

cercle
....
Kreis

carré
....
Quadrat

rectangle
....
Rechteck

triangle
....
Dreieck

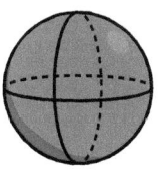

sphère
....
Kugel

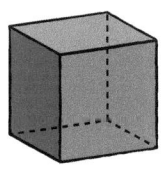

cube
....
Würfel

blanc

weiß

jaune

gelb

orange

orange

rose

pink

rouge

rot

violet

lila

bleu

blau

vert

grün

marron

braun

gris

grau

noir

schwarz

beaucoup / peu

viel / wenig

fâché / calme

wütend / friedlich

joli / laid

hübsch / hässlich

début / fin

Anfang / Ende

grand / petit

groß / klein

clair / obscure

hell / dunkel

frère / soeur

Bruder / Schwester

propre / sale

sauber / schmutzig

complet / incomplet

vollständig / unvollständig

jour / nuit

Tag / Nacht

mort / vivant

tot / lebendig

large / étroit

breit / schmal

comestible / incomestible
....
genießbar / ungenießbar

méchant / gentil
....
böse / freundlich

excité / ennuyé
....
aufgeregt / gelangweilt

gros / mince
....
dick / dünn

premier / dernier
....
zuerst / zuletzt

ami / ennemi
....
Freund / Feind

plein / vide
....
voll / leer

dur / souple
....
hart / weich

lourd / léger
....
schwer / leicht

faim / soif
....
Hunger / Durst

malade / sain
....
krank / gesund

illégal / légal
....
illegal / legal

intelligent / stupide
....
gescheit / dumm

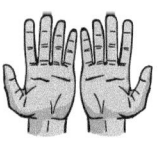

gauche / droite
....
links / rechts

proche / loin
....
nah / fern

nouveau / usé

neu / gebraucht

rien / quelque chose

nichts / etwas

vieux / jeune

alt / jung

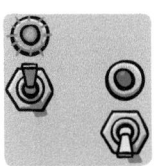

marche / arrêt

an / aus

ouvert / fermé

offen / geschlossen

faible / fort

leise / laut

riche / pauvre

reich / arm

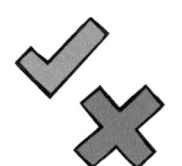

correct / incorrect

richtig / falsch

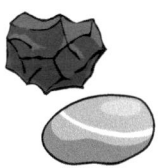

rugueux / lisse

rau / glatt

triste / heureux

traurig / glücklich

court / long

kurz / lang

lent / rapide

langsam / schnell

mouillé / sec

nass / trocken

chaud / froid

warm / kühl

guerre / paix

Krieg / Frieden

nombres

Zahlen

0

zéro

null

1

un / une

eins

2

deux

zwei

3

trois

drei

4

quatre

vier

5

cinq

fünf

6

six

sechs

7

sept

sieben

8

huit

acht

9

neuf

neun

10

dix

zehn

11

onze

elf

12

douze

zwölf

13

treize

dreizehn

14

quatorze

vierzehn

15

quinze

fünfzehn

16

seize

sechzehn

17

dix-sept

siebzehn

18

dix-huit

achtzehn

19

dix-neuf

neunzehn

20

vingt

zwanzig

100

cent

hundert

1.000

mille

tausend

1.000.000

million

Million

anglais

Englisch

anglais américain

Amerikanisches Englisch

chinois mandarin

Chinesisch (Mandarin)

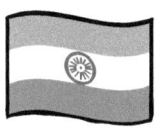

hindi

Hindi

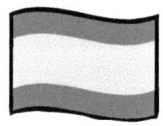

espagnol

Spanisch

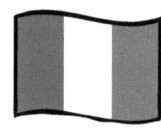

français

Französisch

arabe

Arabisch

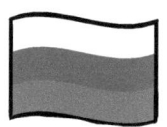

russe

Russisch

portugais

Portugiesisch

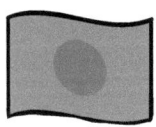

bengali

Bengalisch

allemand

Deutsch

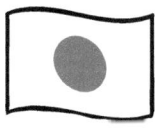

japonais

Japanisch

je

ich

tu

du

il / elle / ce, c'., cela

er / sie / es

nous

wir

vous

ihr

ils / elles

sie

Qui ?

Wer?

Quoi ?

Was?

Comment ?

Wie?

Où ?

Wo?

Quand ?

Wann?

nom

Name

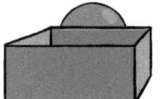

derrière

hinter

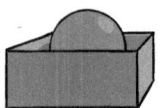

dans

in

devant

vor

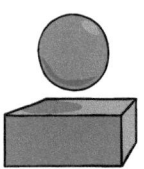

au-dessus

über

sur

auf

en-dessous

unter

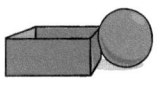

à côté de

neben

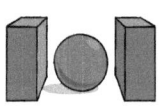

entre

zwischen

lieu

Ort